MW01377591

EL NIDO ES LA CASA DEL PÁJARO.

EL LECTOR MODERNO

DE APPLETON

CURSO GRADUAL DE LECTURAS
REVISADO DE ACUERDO CON LAS DISPOSICIONES DE LA
REAL ACADEMIA ESPAÑOLA DE LA LENGUA EN 1911

LIBRO Nº 1

ESCRITO SEGÚN LOS PRINCIPIOS PEDAGÓGICOS
MEJOR ESTABLECIDOS

POR EL

Dr. JUAN GARCÍA PURÓN

AUTOR DE NUMEROSAS OBRAS DE TEXTO, Y CON LA COOPERACIÓN
DE VARIOS EDUCADORES ESPAÑOLES E HISPANOAMERICANOS

ILUSTRADO CON CERCA DE 100 GRABADOS

D. APPLETON Y COMPAÑÍA

CHICAGO   NEW YORK   LONDON

1920

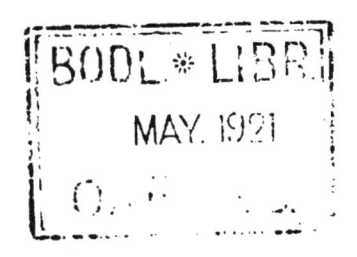

BODL ✻ LIBR
MAY. 1921
O...

COPYRIGHT, 1900, 1920,
BY D. APPLETON AND COMPANY.

Copyright secured in Great Britain and in all the
countries subscribing to the Berne Convention.

*Es propiedad garantizada en varios países, y se
perseguirán las ediciones fraudulentas.*

*Queda hecho el depósito que ordena la ley, para
la protección de esta obra, en la República
Mejicana.*   *Méjico, 1900*

Printed in the United States of America

ÍNDICE

ADVERTENCIA A LOS QUE ENSEÑAN.

PARA que el niño comience a leer en el presente libro, es necesario cuando menos, que haya aprendido la "Cartilla" o el "Silabario," libros que por desgracia aún se emplean en algunas partes; aunque están condenados por la pedagogía moderna, puesto que emplean para enseñar la lectura, el procedimiento sintético.

Los niños que hayan comenzado la lectura por cualquiera de los libros primarios, que siguen el método de enseñar con palabras normales, comenzando por el procedimiento analítico, para ir a la síntesis, son los que han de hacer rápidos progresos y sacar mayor provecho de este libro.

Cuando se enseñan simultáneamente la lectura y la escritura, deben copiar los alumnos el ejercicio iconográfico y escribir las palabras en vez de los grabados y las rayas; pero cuando sólo se enseña la lectura, suplirá de viva voz, lo que según él represente el grabado y significa el espacio que ocupa la raya: *hay que procurar el cultivo de las facultades inventivas y de observación, tan naturales en el niño*, por medio de esta clase de ejercicios.

Las palabras largas o polisílabas, requieren alguna explicación por parte del que enseña, y como se derivan de las que entran en la lección, conviene que los alumnos conozcan su significado y las puedan asociar a las demás que han aprendido: *la asociación de palabras, lo mismo que de ideas y cosas, facilitan la adquisición de conocimientos al niño y la labor educativa al maestro.*

La lección séptima puede servir como de ejemplo para

ejercicios de encerado, pizarra, pizarrón o tablero; porque agrupan asuntos diversos con un fin determinado y de utilidad práctica. Las preguntas al fin de la lección duodécima, sobre los materiales de que están hechos ciertos objetos, dan una idea de las que pueden y deben hacerse al final de muchas lecciones, y con verdadero provecho: *es necesario apelar al entendimiento más que a la memoria del niño, desarrollando al mismo tiempo el hábito de pensar y razonar.*

Una lección, bien se comprende que no es la obra de una hora de clase o de un día, es un asunto sistemáticamente tratado, y lo que importa es que el alumno lo conozca lo mejor posible antes de pasar a otra lección, aunque requiera toda una semana: *no basta leer la lección de corrido y conocer todas las palabras, es necesario saber también las cosas y el por qué y para qué de las cosas.*

La lectura es el ramo más importante de la escuela, puesto que es la base de casi todos los conocimientos; y el libro que la enseña, viene a ser el guía del alumno para la adquisición de esos conocimientos. De ahí la importancia que tiene el que en las lecciones predomine todo aquello que contribuya a formar espíritus que llenen las necesidades de la época actual.

La educación ha de ser imagen de la vida y de la sociedad; por lo que es necesario, ahora más que nunca, formar hombres que se basten a sí mismos. Hay que dar a la juventud aptitudes para el trabajo, con el auxilio de los conocimientos útiles y de aplicación directa, inmediata y práctica; hay que darle medios adecuados a la clase de vida y a las necesidades modernas.

JUAN GARCÍA PURÓN.

LECCIÓN PRIMERA.

El nido es para el pájaro lo mismo que la casa para nosotros. Cuando se destruye un nido, se les quita su casa a los pajaritos.

Los pájaros tienen padre y madre, como los niños, y al ver a sus hijitos sin nido, lloran de pena. Así llorarían nuestros padres viéndonos sin casa, y los hijos sufriríamos mucho.

Cuando no espantamos a los pájaros, se acercan sin miedo, y, sobre todo, a los niños que, en lugar de espantarlos, les tiran migajas de pan, y hasta se quedan mirando, como quien dice: dame más amiguito.

Así he de aprender muchas cosas más, y todo lo que aprenda lo deberé a la escuela, al libro y al maestro.

Ejercicios iconográficos y mentales para desarrollar las facultades intuitivas y de observación.

Cada pájaro cons-

truye su

El ——— es la

 del

Palabras largas o polisílabas derivadas de las que entran en la lección.

Paternidad.   Maternidad.

Paternalmente.   Maternalmente.

Caseramente.   Filialmente.

Amaestradamente.

Da de comer al hambriento,
Y Dios te dará el sustento.

Da apoyo y tiende la mano
Al enfermo y al anciano.

Al maestro reverencia,
Y aprovecha su experiencia.

Si es bueno y dócil el niño,
De todos gana el cariño.

En boca del mentiroso,
Lo cierto se hace dudoso.

LECCIÓN SEGUNDA.

Un domingo que salimos a paseo por el campo, acompañados de nuestros abuelos y tíos, vimos cerca del camino unos caballos que jugaban alegremente, y relinchaban de contento. El abuelito nos explicó que los caballos tienen sus juegos y momentos de alegría, como nosotros.

Nuestra abuelita nos contó que en un Circo había visto unos caballos enseñados, que, durante la función, hicieron cosas que, además de divertir, demuestran la inteligencia de este noble animal.

Oímos también contar al tío y a la tía el caso de un caballito y un niño que llegaron a quererse. Si el caballo estaba lejos de la casa, al ver al niño, corría hacia él con muestras de alegría; pero una vez el niño le tiró de la cola, y esto no le gustó al caballo. La madre al verlo se asustó, por más que el animal no hizo daño al niño; pero sí le dió a entender, después de hacerle pasar un pequeño susto, que no le gustaba que le tiraran de la cola.

La costumbre que tienen

algunos niños de tirar de la cola a los caballos, es

muy mala y peligrosa, aun cuando el animal sea muy bueno y manso.

El  es un ani-mal muy útil.

Este  que corre, es de color ———.

Y este otro que pace,  es de color ———.

Campestremente. Cabalgadura.
Caballerosamente. Cabalgando.

La virtud con su ejercicio
Destierra el ocio y el vicio.

Vamos a ver, niños, dijo la anciana señora para saber quienes eran los más generosos: tengo aquí una fruta que voy a partir en cuatro pedazos iguales; pero, como sois seis, dos se quedarán sin fruta. Ni el hermano más pequeño, ni los dos primos y la prima, ni las dos hermanas dijeron una palabra. Todos se dieron por satisfechos.

Viendo tan buena conducta en los niños, mandó traer una cesta con frutas muy hermosas, y dió una a cada uno, diciendo: así es como deben hacer los niños, y no mostrarse envidiosos y descontentos.

En la casa de la señora había un loro que cantaba

y hablaba, daba la hora imitando el reloj, y decía otras muchas cosas que hacían reir. Había también un pe-

rrito muy listo que solía sentarse frente al loro para hacerle hablar.

Era curioso ver como el

perrito ladraba al loro, y el loro imitaba el ladrido del perrito: así se divertían uno con otro, y servían de diversión a la niña de la casa.

Una de fruta y una fruta para cada niño. El y el ____ se divertían juntos, y la  se diver-

tía con ellos.

Hermanablemente.   *Fraternalmente.*
Ancianidad.   *Primearse.*
Generosamente.

Ama a Dios, y ama a tu her-
mano :
Esta es la ley del cristiano.

La flor más pequeña mira,
Y el poder de Dios admira.

No desprecies los consejos
De los sabios y los viejos.

LECCIÓN CUARTA.

Una hermosa tarde, que pasamos corriendo y jugando por el campo, en compañía de otros niños de la vecindad, se nos pasó el tiempo sin sentirlo, y era ya casi de noche cuando regresábamos a nuestras casas.

Apenas se había puesto el sol, cuando comenzó a obscurecer, y la obscuridad de la noche nos asustó un poco a todos. Hasta la criada que nos acompañaba llegó a tener algo de miedo. De repente vimos una claridad muy grande: era la luna que, como bola de fuego, se veía a través de los árboles. En seguida se nos quitó el temor y comenzamos a saltar, bailar y cantar de contentos, porque la luna, además de servirnos de compañía, nos alumbraba el camino.

Estábamos ya cerca de casa, cuando oímos un organillo; y al acercarnos, vimos sobre una mesa un mono vestido de soldado, con gorra colorada, cinturón negro y fusil o escopeta al hombro, imitando el ejercicio de los soldados. El monito danzaba, hacía varias cosas o monadas para ayudar a ganarse la vida al hombre del organillo y a su hija, que, con una niñita en los brazos, recogía lo que le daban.

Como no teníamos dinero, nos dió pena acercarnos mucho; pero nuestra vecinita, con toda inocencia, ofreció al mono una flor que había cogido en el campo. El mono estaba acostumbrado a que le dieran dinero para el amo o frutas para él, y se quedó como asustado, con el fusil al hombro, y mirando a la niña sin saber qué hacer; pero la niña, no teniendo otra cosa, y dando lo que ella estimaba mucho, mostró su buen deseo y buena voluntad.

En el campo nos sentamos debajo del  y vimos una

El ——— estaba sobre una

Vecinamente.

Florecimiento.

Floridamente.

Monerías.

LECCIÓN QUINTA.

CRISTÓBAL COLÓN Y SUS MÉRITOS.

Cartas a Luisito.

I.

Muy querido discípulo:

Después de que celebramos nuestra fiesta de fin de año, con la solemne repartición de premios, en la que tuviste el primer lugar porque en tus estudios te revelaste discreto, bueno e inteligente, me solicitaste, ya que nos íbamos a separar durante las vacaciones, que de cuando en cuando te enviase una tarjeta postal de saludo o recuerdo, prometiéndome hacer lo mismo de tu parte.

Prefiero, en vez de una tarjeta, enviarte en forma epistolar algunas narraciones que de seguro te agradarán, ya que todo el que significa un conocimiento útil hace tu deleite, por lo que voy a referirte en esta primera carta quien fué Cristóbal

Colón y cuales sus grandes méritos.

Hasta el 12 de Octubre de 1492, fecha famosa en el Mundo y muy principalmente para nosotros los nacidos en el Continente Americano, las tierras conocidas por los hombres que poseían la más refinada civilización de la época, son las que se encuentran alrededor del Mar Mediterráneo y hacia la India, según puedes observarlo en el mapa adjunto.

Y aunque dichas tierras proporcionaban abundantes mantenimientos, no se cultivaban en ellas las especias como hasta hoy acontece, ni se fabricaban perfumes en las mismas, ni se tejía la seda como hoy se hace. También de la India venían las piedras preciosas, los diamantes, los rubíes, las esmeraldas.

Varias ciudades italianas, Génova y Venecia principalmente, que son además puertos de mar y por esta condición comerciantes, con sus naves compraban las especias, los perfumes,

Las tres carabelas de Colón : la Santa María, la Pinta y la Niña.

las sedas y las gemas en puertos de Siria y en Constantinopla a los árabes que las traían del fondo de la India, transitando por desiertos de arena reunidos en grupos o caravanas y conduciéndolas en camellos.

Constantinopla, que fué una ciudad cristiana, cayó en poder de los turcos que siguen la religión mahometana. España lanzó a su vez de su seno a los mahometanos que por setecientos años la dominaron. A los italianos católicos les era difícil comerciar donde los turcos acababan de establecerse y España y su vecino Portugal se entregaron a exploraciones marítimas por el lado del Atlántico.

Los marinos portugueses trataron de encontrar una nueva ruta para la India, dándole la vuelta al Africa, caminando al Sur.

Un genovés entendido en Geografía, Astronomía y Dibujo, que poseía una gran colección de mapas, leído muchas relaciones de viajeros y transitado por los mares conocidos, tuvo otra idea feliz y grandiosa; que si caminaba recto al Occidente por el Oceano que nunca bajel alguno había surcado, llegaría a la India, pues sabía que la Tierra era redonda, lo que parecía increible aun para ciertas gentes consideradas como sabias.

Este hombre fué Cristóbal Colón y su empresa es un producto de su sabiduría, de su constancia porque pasó muchos años pidiendo el apoyo de algún Gobierno para llevarla a cabo hasta que consiguió el de la Reina Isabel, y de fé, porque nunca perdió las esperanzas de realizarla, aun viéndose en la miseria y rechazado por un Consejo de Doctores que lo juzgaron un loco.

Hermosas cualidades **y** virtudes que debes procurar poseer en el más alto grado posible y que lo condujeron después de setenta y un días de navegación, pues salió del Puerto de Palos, España, el 3 de Agosto del citado año de 1492, a **ver** la primera

tierra americana, una isla del
Archıpiélago de las Lucayas a la que
nombró San Salvador, honrando así el
nombre de Dios en el que tuvo la más
firme confianza.

Mucho **te** quiere y no te olvida, tu

PROFESOR.

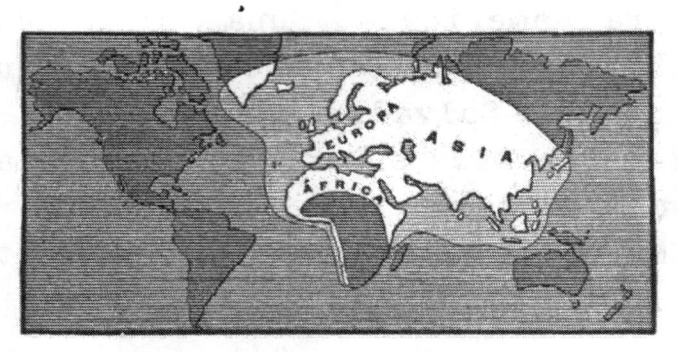

La parte blanca de mar y tierra que se ve en este pequeño mapa, era lo único que se conocía del mundo cuando Colón se embarcó; y la que está en negro, era lo desconocido. Lo que llamamos ahora América o Nuevo Mundo, está a la izquierda.

La mayor parte de las tierras que eran desconocidas, fueron descubiertas por españoles y portugueses.

———

*Siempre que puedas, haz bien,
Y no repares a quien.*

———

*Quien pobló el cielo de estrellas
Hizo la tierra que huellas.*

———

*La conciencia es a la vez
Testigo, fiscal y juez.*

———

*Quien alberga al peregrino,
Del cielo encuentra el camino.*

LECCIÓN SEXTA.

LOS NÚMEROS ROMANOS.

Para entender bien la numeración romana, es necesario conocer el valor de cada letra, porque los números romanos se componen de siete letras mayúsculas, que son:

I, V, X, L, C, D, M.

i, ve, equis, ele, ce, de, eme.

La I vale *uno*, la V *cinco*, la X *diez*, la L *cincuenta*, la C *ciento*, la D *quinientos* y la M *mil*.

Con estas siete letras se pueden hacer muchas combinaciones diferentes, y cada una cambia de valor, según se emplee, por ejemplo:

La V es un *cinco*, y poniendo antes una I es un *cuatro*, IV, mientras que poniendo la I después de la V, es un *seis*, VI, y cada I que se agregue, es uno más: VII *siete*, VIII *ocho*. Para poner nueve, como la X vale *diez*, se le pone una I antes, y es un nueve IX.

Las horas del reloj se

3

marcan en números romanos, de este modo:

I, II, III, IV,
1, 2, 3, 4,
V, VI, VII, VIII,
5, 6, 7, 8,
IX, X, XI, XII.
9, 10, 11, 12.

Se usan los números romanos para decir: *primero* en lugar de *uno*, segundo en vez de *dos* y así sucesivamente III *tercero*, IV *cuarto*, V *quinto*, VI *sexto*, VII *séptimo*, VIII *octavo*, IX *noveno*, X *décimo*, XI *undécimo,* **XII** *duodécimo* **hasta llegar a ciento.**

Este va para la escuela, y lleva una para escribir los números ———.

Numerosamente. *Numerosidad.*
Innumerable. *Innumerabilidad.*
Innumerablemente.

Lección Séptima.

Siglo XX (veinte.)

Tomo II (segundo.)

Capítulo XXV (veinte y cinco o veinticinco.)

Parte IV (cuarta.)

Sección VIII (octava.)

Página XIX (diez y nueve o diecinueve.)

Las XII (doce) del día.

Las III (tres) de la tarde.

Las XI (once) de la noche.

Las VII (siete) de la mañana

El siglo, o centuria, tiene 100 años.
El año tiene 12 meses, o sean 365 días.
Los meses tienen: unos 31 días,
otros 30; y uno, que es Febrero,
28; pero en los años bisiestos
tiene 29, porque cada 4 años
hay un año, llamado bisiesto,
que tiene 366 días.
El día tiene 24 horas.
La hora 60 minutos.
El minuto 60 segundos.

Anualmente.
Mensualmente.

Los perros y los gatos no suelen ser buenos amigos, y por eso, cuando dos niños se quieren mal, se dice que están como *el perro y el gato*, es decir, reñidos. Sin embargo, es un error el suponer que estos dos animales sean siempre enemigos, puesto que con frecuencia son amigos y compañeros.

Nada demuestra mejor el

poder de la educación que la enemistad del perro y del gato: sin educar, se odian y persiguen, educándolos se vuelven amigos y juegan el uno con el otro.

Los padrinos de una niña tenían un perro y un gato que estaban muy bien edu-

cados: jugaban el uno con el otro y se pasaban el día corriendo por la casa.

La niñita echaba el perro a que corriera tras el gato, y ladrando el uno, saltando el otro, y escondiéndose de

vez en cuando, no cesaban un momento. Cuanto más

llamaba la niña al perro, más corría siguiendo al gato, y así jugaban los tres, sin cesar y sin hacerse daño ni incomodarse cuando tropezaba el uno con el otro y se caían todos juntos.

Los tres se querían mucho, y una vez que la chiquita se enfermó y no podía jugar con ellos, los dos animalitos se pusieron muy tristes. Primero el perro, no pudiendo aguantar más, saltó sobre la cama donde la niña dormía y se acostó a su lado, mirándola atenta y cariñosamente. Después el gato se vió solo, y se fué derecho al dormitorio en busca de sus compañeritos, acostándose al otro lado de

la niña, y al fin los tres se quedaron dormidos.

Los  cazan

los  y los

 cuidan

bien la

Apadrinamiento.   Adormecimiento.
Engatusamiento.   Amistosamente.

Muchos dulces y pasteles
Producen males crueles.

LECCIÓN NOVENA.

Ahora que ya podéis leer de corrido, es preciso que aprendáis poco a poco todo lo que se necesita para que la lectura sea más correcta y clara.

Hay varios signos o señales que se usan para dar a la lectura la claridad necesaria. Estos signos son como avisos que se dan al lector con el fin de que pueda leer cómodamente y con propiedad: sin la puntuación, mucho de lo que se escribe y se lee quedaría dudoso.

Cuando hablamos también tenemos que hacer pequeñas paradas o pausas, porque de otro modo nos cansaríamos pronunciando varias palabras juntas, y faltaría la claridad necesaria.

Los signos principales de puntuación son los siguientes:

, ; : . ¿ ? ¡ !

Se llaman:

Coma (,) punto y coma (;) dos puntos (:) punto o punto final (.) interrogación (?) y admiración (!).

LA COMA (,) indica una pausa corta. Ejemplo:

El niño, la niña, el padre y la madre van de paseo.

EL PUNTO Y COMA (;) señala

una pausa algo más larga, por ejemplo:

El buen niño tiene paz y alegría; será cariñoso para con los padres; no hará mal a nadie, puesto que desea hacer el bien.

LOS DOS PUNTOS (:) requieren una pausa mayor que la del punto y coma, porque advierten lo que se va a decir. Ejemplo:

Dios dijo al hombre: "ayúdate y te ayudaré."

EL PUNTO O PUNTO FINAL (.) que se coloca al fin de cada sentencia, indica, no sólo mayor pausa sino un descanso completo de ia voz, y por lo tanto no requiere ejemplo.

LA INTERROGACIÓN (?) se usa

para preguntar, como cuando decimos:

¿Dónde has estado, niño? Y: ¿Adónde vas, María?

ADMIRACIÓN (!) es un signo para señalar sorpresa, como cuando se dice: ¡Hola, amiguito! y para dar más fuerza a las palabras, como: ¡Ay de los malos!

No compres galas y joyas;
los libros valen más que ellas;
adorna tu entendimiento
con sus preciadas ideas,
que no hay lujo que deslumbre
como el lujo de la ciencia.

El mejor de los ejercicios es el del paseo; provechoso a todas las edades e indispensable para los niños.

Famosa torre de la Giralda, en Sevilla.

LECCIÓN DÉCIMA.

Cartas a Luisito.

II.

Muy querido discípulo:

Palos era y sigue siendo un puerto de escasa importancia, y si de él zarpó Colón para su imponderable viaje, fué porque tuvo como socio para emprenderlo a otro marino residente en dicho lugar, llamado Martín Alonso Pinzón, porque la Municipalidad de la pequeña villa le ayudó para reclutar la marinería y porque cerca de ella se encuentra el Monasterio de la Rábida donde el inmortal descubridor halló un refugio en sus días más aciagos y un gran amigo, Fray Juan Pérez que lo recomendó eficazmente con la Reina Isabel. Recuerda siempre estos nombres con gratitud pues están asociados a la Historia de la civilización de nuestro Continente.

Los puertos españoles más notables de entonces, sobre el Oceano Atlántico, eran Cadiz y Sevilla, y se llega a este último ascendiendo la corriente del Río Guadalquivir. Sevilla fué el centro del comercio con América por mas de doscientos años, y en su Catedral, que ostenta la famosa torre llamada Giralda, reposan según se afirma, los restos del gran Colón.

Sus tres carabelas, tomaron la dirección del sur-oeste para alcanzar las Islas Canarias, que figuraban en la época como un punto extremo de lo conocido del Globo que habitamos, las que tocaron el puerto de Santa Cruz de Tenerife, de la Gran Canaria, que se hace notable por el volcán que se encuentra en medio de ella, que termina en forma aguda por lo que se le llama el Pico de Tenerife y que se eleva gallardo y majestuoso a una altura de 3,715 metros sobre el nivel del mar.

Un volcán es una montaña de donde salen o han salido torrentes de materias en estado incandescente que envuelven llamas de fuego, por medio de un conducto que se llama cráter.

Se dice que está en actividad o que está apagado, si arroja o no dichas sustancias. El nivel del mar por ser igual en todas partes, sirve para medir las alturas de la Tierra y las profundidades del Oceano.

En un viaje posterior Colón adquirió en las Canarias, animales domésticos como el toro, la oveja y las aves de corral, que no halló en América y algunas otras plantas como la caña de azúcar que ha hecho prospera y rica a la Isla de Cuba como el tabaco que si es de origen americano.

En aquella inmensidad de agua por donde viajó Colón, las profundidades se cuentan por miles de metros, y buques posteriores a los de él han salido encontrar algunos animales marinos de un aspecto desusado y de tamaño enorme, verdaderos monstruos de la Naturaleza que por no haber sido estudiados científicamente al principio, dieron origen a narraciones fantásticas. Algunos han descrito a tan extraños seres conforme al grabado que te adjunto.

La Ciencia ha podido averiguar en los últimos tiempos, que en las profundidades del mar existen peces muy distintos de los de las capas superiores, acondicionados para soportar la gran presión (acción de apretar) que ejerce el agua sobre ellos y a ver en un medio donde la luz llega difusamente, por lo cual no pueden subir a dichas capas superiores.

Ultimamente se pescó en las costas de la Florida uno de estos.

Para rendirlo se emplearon 5 arpones y 151 proyectiles de armas de fuego. Medía más de doce metros, pesó 15,000 kilógramos, sólo su hígado 800 y su piel tenía el grueso de 75 milímetros. Se juzgó que el animal por su edad estaba en la infancia, y que una erupción de algún volcán submarino, pues también los hay en el fondo del mar lo impulsó hasta la superficie de las aguas.

Mucho te recuerda y te quiere tu
PROFESOR.

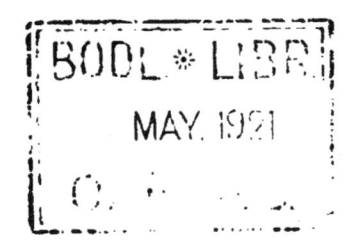
BODL ∗ LIBR

MAY. 1921

O.

COPYRIGHT, 1900. 1920.

BY D. APPLETON AND COMPANY.

Copyright secured in Great Britain and in all the
countries subscribing to the Berne Convention.

*Es propiedad garantizada en varios países, y se
perseguirán las ediciones fraudulentas.*

*Queda hecho el depósito que ordena la ley, para
la protección de esta obra, en la República
Mejicana.* *Méjico, 1900*

Printed in the United States of America

LECCIÓN UNDÉCIMA.

SIGNOS DE PUNTUACIÓN.

Además de los signos de puntuación explicados en la lección *Novena,* hay otros muchos; pero los más importantes y de uso más frecuente, son los siguientes:

..... " " ü ( ) - —

Se llaman:

Puntos suspensivos ..... comillas " " crema o diéresis ü paréntesis ( ) guión corto - y guión largo o raya —.

LOS PUNTOS SUSPENSIVOS ..... se emplean en la escritura para indicar que se calla · algo y se puede suponer lo que es. También sirven para expresar temor, vergüenza y sorpresa. Ejemplos:

Díme con quien andas . . . . . Las palabras que en este ejemplo se suprimen, son: *y te diré quien eres.*

El abuelito dijo: *no meterás la mano en el fuego, porque* . . . . . Aquí las palabras suprimidas, son: *te quemarás.*

Un niño que se había cogido a los hierros de un balcón, sintió que le faltaban las fuerzas, temió caerse, y gritó: Mamá . . . . . que me caigo . . . . . sujétame por Dios. Y la madre que acudió sobresaltada, le salvó, y decía: Jesús . . . . .

qué susto me has dado . . . . . hijo de mi alma. Aquí los puntos suspensivos indican temor o susto.

Para leer los puntos suspensivos se para de repente o poco a poco, según el asunto de que se trata; en unos, como si se cayese el libro de las manos o se apagase la luz; en otros se hace una pausa para dar lugar a que se diga lo que de intento se calla.

LAS COMILLAS " " se usan para indicar que las palabras que están dentro de ellas son copiadas, o bien que se han tomado de otra persona. Ejemplos:

Un escritor latino dijo: "No puede haber amistad más que entre los buenos."

Jesús decía: "Dejad que los niños vengan a mí."

CREMA O DIÉRESIS *ü.* Este signo consiste en dos puntos, que se ponen principalmente sobre la *u*, en las sílabas *gue, gui*, para indicar que dicha letra debe pronunciarse; por ejemplo:

Cigüeña, fragüita, vergüenza, nicaragüense.

PARÉNTESIS ( ). Este signo sirve para encerrar palabras que no tienen mucha relación con lo que se va diciendo, o algo que aclara alguna cosa sin obscurecer el sentido de lo demás. Debe leerse bajando algo la voz, y un poco más deprisa. Ejemplos:

Bernardo Gálvez (hijo).

Aníbal juró (y lo cumplió) odio eterno a los romanos.

Esperanza (pues este era el nombre de la niña), apresuró el paso.

EL GUIÓN CORTO - se pone al fin de renglón para indicar que alguna o algunas sílabas de una palabra no caben en dicho renglón, y pasan al siguiente, sirviéndoles este signo de enlace, como:

Cata-lina, sub-alterno, velocípedo, ins-truir.

También se usa en las palabras compuestas, como: cólera-morbo, histórico-ortográfico, sordo-mudo.

EL GUIÓN LARGO O RAYA — separa lo que una persona dice, de lo que otra contesta, evitando la repetición cansada de, *Juan dijo* y *Pedro respondió.* Ejemplo:

El maestro preguntó al niño: ¿ Cómo te llamas ?

—Manuel Ordóñez, para servir a usted, contestó.

—¿ Adónde vas ?

—Voy a la escuela, Señor maestro.

También tiene un uso semejante al del paréntesis, por ejemplo:

Tu padre—cuidadoso como todos los padres—no te deja ir solo al baño, por temor de que te ahogues.

Haz bien, y deja que digan.

LECCIÓN DUODÉCIMA.

El mucha-
cho está ____
y tiene un

buen  de _____

para _____

El  sirve

para _____, y el

para _____.

Con la  se

——, y la

es para ——.

Los  nadan

en ——, y los

vuelan por ——.

El  sirve

para cuando ——,

y con la  se

_____ la tierra.

La  puso un

 y cacarea.

El  canta y

los

pían.

___

Muchacherías.   Huevezuelo.
Pescadería.   Gallinero.

___

¿ De qué materiales están hechas las siguientes cosas?

1. El martillo, la pala y el hacha.

2. La corneta y el candelero o palmatoria.

3. El paraguas, la corneta y el hilo.

___

Cada cosa en su lugar, y un lugar para cada cosa.

LECCIÓN DÉCIMATERCERA.

La creencia de que la felicidad del hombre consiste en el descanso y en las comodidades exageradas, es un error que ha sido causa de la desgracia de muchas personas y de pueblos enteros. A la actividad nos llama la naturaleza misma, en la cual todo es movimiento y vida; nos mueven al trabajo nuestras necesidades; el juego o diversión que tanto nos cautiva, es un trabajo, y ¿qué es el trabajo sino un juego más útil y tan divertido como otro cualquiera para quien lo emprende con gusto?

Al placer que se encuentra en el juego, trabajo u otro ejercicio, sigue otro placer que es el descanso, placeres que cesarían con el excesivo trabajar, lo mismo que con el mucho holgar, y producirían graves males al hombre.

La diferencia que hay entre una vida regalada y otra sometida al trabajo, puede observarse en muchas cosas de la naturaleza. La Rosa y el Coral son un buen modelo:

Crece la rosa recibiendo los cuidados de una mano delicada, que nunca se cansa de obsequiarla con el riego necesario y defenderla de los abrasadores rayos del sol y las fuertes sacudidas del viento. Esta hermosa 'flor es reina de las demás, pero solamente sirve para recreo de nuestros ojos, estando, por lo delicada que es, en peligro constante de perecer.

La Rosa.

Tan corta es su vida, que se la compara en duración con el día, y suele decirse que el mismo sol que la ve nacer la ve morir.

Muy al contrario sucede con el coral, planta marina que no tiene

El Coral.

como las otras, aire, luz y calor, o por lo menos en tanta abundancia,

ni lo necesita. **Nacido entre las aguas** que sin cesar lo agitan, combatido violentamente por las olas del mar y sobre todo, durante las tempestades, crece fuerte, gallardo, robusto, y se endurece más aún cuando se saca de las aguas y recibe la influencia del aire, por lo que sirve para muchos objetos de la industria humana.

La diferencia que se nota en las dos plantas citadas para poder resistir, la fuerza de una y la debilidad de la otra, depende primero de la naturaleza de la planta misma, y luego de la manera con que cada cual de ellas vive y crece. Criada la una entre blanduras y halagos, es débil, mientras que, batallando sin cesar la otra, es fuerte.

Lo mismo sucede a los hombres: los que se crían entre mimos, comodidades y delicias en demasía, crecen débiles y enfermizos, y su vida corta y achacosa no puede ser de tanta utilidad a la patria y a sus semejantes como la de aquellos otros compatriotas, que criados en la pobreza, curtidos en la lucha constante, batidos por los vientos y tempestades del infortunio, llegan a ser hombres robustos, ágiles, fuertes y dispuestos para cualquier empresa.

La pereza todo lo encuentra difícil y el trabajo lo hace todo fácil.

LECCIÓN DÉCIMACUARTA.

LA LECTURA.

Los buenos libros nos proporcionan interminables momentos de placer, dan a la memoria un caudal de conocimientos; a la imaginación presentan bellísimos cuadros, y nos apartan del error, inspirándonos buenas acciones.

Lo mismo que las personas que mejor nos quieren, los libros nos dan buenos consejos con amabilidad y agrado.

Don Alfonso, rey de Aragón, decía que los libros de mérito eran sus mejores consejeros, porque no lo engañaban presentándole las cosas de diferente manera que son, y desinteresadamente le indicaban lo que debía hacer.

En cualquier país del mundo, aunque sea en medio de un pueblo inculto y grosero, la lectura de buenos libros ofrécenos las delicias de la buena sociedad.

Los libros nos dan cuenta de todo lo que existe, de todo cuanto se puede averiguar y ser interesante para nosotros. Semejantes a cofrecitos y arquetas hechas con el mayor arte, donde una persona codiciosa va depositando joyas de oro, plata, piedras preciosas y monedas, los buenos libros guardan en sus páginas muchísimos conocimientos útiles, pensamientos, máximas y consejos que pueden hacernos dichosos, si a ellos ajustamos nuestra conducta.

Todo esto que los libros contienen no lo guardan avaros, sino que lo brindan generosamente a los afortunados amantes de la instrucción, a quienes presentan como en inacabable y bello panorama los tesoros más preciados del entendimiento humano, los descubrimientos de todos los siglos, puestos al alcance del niño, del joven y del anciano.

¡Dichosos los que, empleando acertadamente el tiempo, no dejan de explotar nunca esta mina inagotable de placeres, que se llama *la lectura!* Su vida se deslizará tranquila y apacible, como el manso arroyuelo que en la verde pradera corre suavemente salpicando con menudas gotas las hermosas florecillas. Porque quien ama las buenas lecturas ama el bien; y al amante del bien, Dios le tiene reservada la felicidad y la gloria.

---

*Treinta días hallarás
en Abril, Junio y Septiembre,
como en el mes de Noviembre;
treinta y uno encontrarás
en Enero, Marzo, Mayo,
y en Julio, Agosto y Diciembre.
El mes más corto y de los más
extraños
es Febrero, que tiene veintiocho,
y veintinueve cada cuatro años.*

LECCIÓN DÉCIMAQUINTA.

Cartas a Luisito.

III.

Inolvidable y muy querido discípulo:
De Santa Cruz de Tenerife siguió
Colón recto al oeste, hizo un desvío
y hasta un principio de regreso por-

que se le insubordinó la marinería,
que aunque valiente era ignorante y
la ignorancia aumenta la intensidad
de los peligros o los crea. En este
caso verdaderamente los había pues

viajaban por regiones totalmente desconocidas y no en grandes y seguros
barcos como los de hoy, sino en carabelas, buques pequeños de madera,
que caminaban sobre las aguas im-
pelidos por el viento que recibían
en las velas, telas toscas y resis-
tentes que se colocan por medio de

cuerdas a lo largo de mástiles, que
son unas piezas de madera igualmente,
que se fijan verticalmente en el
centro de las embarcaciones.

Los vientos son más constantes en

el mar que en la tierra pero algunas
veces faltan en absoluto, hacen cal-
mas chichas y entonces los buques
veleros no pueden continuar su ruta.
En otras ocasiones el viento es tan
fuerte, que se convierte en huracán,
se acompaña de aguaceros torrencia-
les, rompe los mástiles y lo mismo
el timón, otro tablón de madera gi-
ratorio, que sirve, introducido en
el agua, para dirigir el buque, y
este queda a merced de las
olas y de la infinita cle-
mencia de Dios.

Por entonces, la nave-
gación ya había recibido
un gran impulso, con el uso de el
Siglo XIV, de un pequeño instr mento
que tiene donde se han traza varias divisiones como n las

de los relojes
que señalan las
horas y los mi-
nutos, divisio-
nes para señalar,
el Norte, el Sur, el Oriente, el Po-

niente, y sus subdivisiones por lo que se llama Rosa de los Vientos, igualmente. Una aguja inmantada apunta siempre para el Norte y así los ma-

rinos en alta mar, es decir cuando solo ven agua por todas partes pueden orientarse o seguir bien su camino aún cuando el sol o las estrellas dejen de brillar. Sin la ayuda de la brújula, rarísima vez se atrevió nadie a ca-

minar perdiendo las costas de vista, pues sus relieves servían de orientación.

Las carabelas cruzaron por una inmensa extensión del mar cubierta

San Juan de Puerto Rico.

81

de unas plantas marinas flotantes, llamadas zargazos, por lo que esos lugares se nombran Mar de Zargazos y después sus tripulantes vieron con alegría que aves acuáticas que avanzan mucho dentro del mar por lo poderoso de sus alas, garzas, pelícanos y ciertos patos los visitaban.

Capilla llamada de Colón.

Estaban ya cerca de la ambicionada tierra.

También rodeaban a los barcos los delfines, peces como de tres metros de largo, negros por encima, azules a los lados y blancos por debajo que dan graciosos saltos por encima de las ondas y otros pequeños que dan saltos más prodigiosos, tal parece que volaran, por lo que se les conoce con el nombre de peces voladores.

En la ruta que siguen hoy los buques, viniendo de Europa, primero se llega a la Isla de Puerto Rico, cuya Capital es San Juan de Puerto Rico y después se pasa a la de Santo Domingo, ambas del grupo de las Antillas, y como todas estas ricas por sus productos agrícolas tropicales, como la caña de azúcar, el café, el tabaco y el cacao. Santo Domingo está dividido en dos países independientes; la República Dominicana y la República de Haytí. Puerto Rico está gobernado por la República de los Estados Unidos, pero sus asuntos domésticos o interiores los dirigen sus propios hijos.

Tuyo verdaderamente como tu
MAESTRO.

LECCIÓN DÉCIMASEXTA.

Eduardito era un niño muy bueno, que tenía la suerte de vivir en el campo, donde se divertía mucho con los niños de los labradores, vecinos suyos.

Siete años había cumplido este niño, y uno de los pasatiempos que más le agradaban, era buscar nidos por bosques y peñascos, poniendo su vida en peligro al subir a los árboles muy altos para coger los pobres pajaritos y encerrarlos en jaulas, quitándoles de·divertirse volando por el aire.

Muchas veces le dijeron que aquello no debía hacerse, y muchas veces le dió lástima de aquellos pobres animalitos y volvio a ponerlos en su nido.

Un día cogió varios nidos y rebosando de gozo, corrió a enseñárselos a su padre, comenzando entre padre e hijo el siguiente diálogo:

—¡Mire V., papá, dijo el niño, los nidos que traigo!

—No quiero verlos, hijo mío, eso me da lástima

—¿Por qué no quiere V. verlos, mi querido papá?

—Porque sufro mucho viendo a esos infelices robados a sus padres, que los buscarán piando con tristeza. Me da mucha pena verlos destinados a morir en tus manos.

—No, papá, yo prometo cuidarlos a todas horas, dándoles de lo mejor que yo coma; nada les faltará.

—Tus molestias por criarlos serán inútiles; no es trabajo tan fácil como te parece.

—Yo conseguiré, dijo Eduardito, que los padres de los pajaritos vengan como acostumbran a darles de comer en sus jaulas, y así estarán contentos y libres de peligros.

—No harás eso, le contestó el pádre, porque, si bien es probable que de ese modo los críes, será una crueldad hacer que padezcan padres e hijos, viéndose tan cerca unos de otros, y, a pesar de esto, separados para siempre por las rejas de la jaula. Además, tus hermosas jaulas no valen tanto como el aire libre para estas criaturas voladoras.

—¡Papá! ¿qué debo hacer entonces?

—Volverlos a sus nidos, hijo amado. Así lo hizo Eduardo, casi llorando por el mal que hacía sin querer, y pocos momentos después, dió a su padre la noticia de que ya estaban en el nido y en compañía de los padres que por allí cerca volaban, y que cesaron de llorar al ver a sus hijitos de nuevo en el nido.

Eduardito prometió a su padre, en vista de esta lección, no coger más pájaros, y el padre le abrazó con mucho cariño, diciéndole: tu promesa y arrepentimiento me agradan más que los mayores placeres y tesoros del mundo, hijo mío.

No puede ser venturoso el que no trabaja; como no puede ser sabio el que no estudia.

LECCIÓN DÉCIMASÉPTIMA.

LENGUAJE Y CUALIDADES DE LOS ANIMALES.

Los animales parece que tienen un lenguaje para entenderse unos con otros; pero, lo que nosotros les oímos, es cierto ruído, canto, sonido o grito que se llama el lenguaje de este o del otro animal, y así decimos:

El *maullido* o *maullar* del gato: el gato *maúlla*.

El *ladrido* o *ladrar* del perro: el perro *ladra*.

El *cacareo* o *cacarear* de la gallina: la gallina *cacarea*.

El *gruñido* o *gruñir* del cerdo: el cerdo *gruñe*.

El *piído* o *piar* del pollito: el pollito *pía*.

La *charla* o *charlar* del loro: el loro *charla*.

El *relincho* o *relinchar* del caballo: el caballo *relincha*.

El *zumbido* o *zumbar* de la abeja: la abeja *zumba*.

El *arrullo* o *arrullar* de la paloma: la paloma *arrulla*.

Y otros por el estilo.

Los gatos *maúllan* o *mayan;* son limpios, cazan y comen los ratones.

Los puercos, conocidos también con los nombres de cerdos, cochinos o marranos, *gruñen,* son porfiados, sucios y representan la impureza y el desaseo. También el jabalí, que es un puerco salvaje, *gruñe.*

Las abejas *zumban,* chupan las flores, y hacen la miel y la cera.

Los perros *ladran,* y *aúllan* cuando están tristes o sufren. Cuidan la casa del amo, son buenos amigos y compañeros, persiguen a la zorra o zorro que trata de comerse las gallinas, y defienden el re-

baño cuando el lobo ataca las ovejas. El perro es constante, fiel, obediente y agradecido.

Los caballos *relinchan,* son buenos servidores de sus amos y útiles para muchas cosas, además de reunir las buenas cualidades de ser obedientes y tener bastante inteligencia.

Los loros o loritos *charlan* y hablan demasiado. Tienen la buena cualidad de aprender todo cuanto se les enseña.

Las palomas *arrullan*, son muy limpias y sirven de mensajeras para llevar y traer noticias.

Los lobos *aúllan* y atacan a las ovejas.

Los gallos *cantan*, las gallinas *cacarean* y ponen huevos, de los cuales salen los pollitos, que *pían*.

LECCIÓN DÉCIMAOCTAVA.

EL BUEN HIJO.

La famosa erupción del Vesubio, volcán que destruyó las ciudades de Pompeya y Herculano, y causó la muerte al célebre Plinio el naturalista, ocurrió en los primeros años de la Era Cristiana, y fué ocasión de otra conmovedora escena en Mesina, ciudad muy cercana al volcán, en la cual vivía *Plinio el Joven*, sobrino del anterior.

Cuando el volcán arrojaba por el cráter fuego, lavas y cenizas, sepultando pueblos y llevando por todas partes el terror y la muerte, y todos procuraban huir para salvar la vida, Plinio sólo pensó en llevar su madre querida a otro lugar más seguro.

Suplicábale ésta que se marchase él corriendo de aquel sitio, donde perecería sin remedio; hízole ver que ella, por tener muchos años y padecimientos, y faltarle las

Vista de una erupción del Vesubio en nuestros días.

fuerzas, no podía seguirle. Díjole también que su quebrantada vida nada valía, y, en cambio, importaba que se salvara él, porque, siendo joven podía ser útil a la patria, y, por último, le aconsejó que no perdiera más tiempo, porque el peligro era cada vez mayor.

Todo lo que la madre dijo a Plinio, no fué bastante para convencerlo, porque más quería morir en su compañía que vivir sin ella. La tomó en brazos cuando ya la ceniza caía sobre ellos, y los vapores y el humo quitaban la luz del día. Así andaban tan de prisa como podían, pero pronto se vieron rodeados de llamas. Plinio resistió valientemente todas las dificultades, y las venció. Animó y sostuvo a su querida madre, y el cielo quiso que ambos se librasen de la muerte.

Es digno de atención ese rasgo de amor filial. Este buen hijo lleva a su madre en brazos, como ella lo había llevado tantas veces en su niñez, y salva la vida a una mujer de quien él había recibido su propia vida.

La vejez quita las fuerzas a las personas, y les impide hacer por sí mismas muchas cosas. Por eso los hijos, que tanto debemos a la madre desde que nacemos, nos hallamos en el deber de darle lo que necesite, como alimentos, abrigo y cariño, teniendo presente que, por mucho que en su favor hagamos, nunca será tanto—ni hecho con tanto amor—como ella hizo por nosotros.

Hijos míos, tened cuidado de vuestra madre en su ancianidad, y no le causéis tristeza durante su vida. Si parece que molesta, porque su razón se debilita, sufrid y callad, que no es culpa suya, y no la despreciéis nunca, porque la caridad que tengáis con vuestra madre, es la mayor de las caridades. Dios os dará el premio por haber llevado con paciencia los malos ratos que hayáis pasado con ella.

Nosotros la hemos molestado en los primeros años; ella lo soportaba sin quejarse, y, si nos reprendía, era por nuestro bien, sabiendo que así llegaríamos a ser mejores.

LECCIÓN DÉCIMANOVENA.

EL NIÑO INJUSTO.

Era Ernesto un hermoso niño, que, habiendo nacido muy débil y enfermizo, fué mandado por sus padres a la aldea desde los primeros meses con deseos de criarlo más sano y grueso con los aires puros del campo. Acostumbrado allí a la sencillez de los labradores, viendo solamente en la casa objetos muy toscos y de escaso valor, fué grande su sorpresa y regocijo cuando a los seis años volvió a casa de sus padres, y vió los lujosos muebles, cuadros, jarrones y otras cosas de adorno.

Entre tantas cosas, llamó su atención otro niño que vió aparecer por donde él se figuró que era el hueco de una gran ventana, y era un espejo muy grande, con ancho marco, y de cristal grueso y fuerte. El otro niño era el propio Ernesto, que allí se veía reproducido sin conocerse a sí mismo, ni imaginar que aquello fuese debido a un espejo, pues en su casa de la aldea sólo había espejitos medio deslustrados, donde apenas podía verse la cara.

La vista del otro niño le agradó al principio, y se puso a mirarle complacido; pero, con esa inconstancia de los pequeñuelos, propia también a veces de personas mayores, pronto se cansó, y quiso burlarse, del recién llegado, haciéndole muecas. Éste, naturalmente, repetía las mismas muecas y figuras ridículas con toda fidelidad (como que era él mismo quien las hacía frente al espejo). Entonces Ernesto se enfadó y amenazó con el puño a quien él consideraba como un atrevido, y vió con gran disgusto que también le amenazaba. Con esto creció la irritación de Ernesto, y trató de golpear al desconocido, consiguiendo así lastimarse las manos en el duro cristal del espejo, y nada más.

Aquí su ceguedad llegó al extremo, y, furioso como un loco, lloraba dando fuertes gritos, pateaba, al mismo tiempo que se hacía daño en las manos por pegar contra el espejo.

Oyendo tal alboroto, acudió su madre, y al verle en este estado, calmó poco a poco su ira, le hizo caricias, le consoló enjugando sus lágrimas, y le dijo:

—Oye, hijo mío, tú mismo eres culpable de lo que te ha sucedido; tú fuiste el primero en burlarte de ese niño, ¿no es cierto?

—Sí mamá, respondió el niño.

—Pues mira, ahora se sonríe y alegra porque te ve sonriente y alegre; extiende los brazos para abrazarte, porque también se los alargas tú, y como ya no estás disgustado, tampoco él da señales de enfadarse. Si no te hubieras enojado tú, tampoco él se habría incomodado.

Esto, hijo mío, es un buen ejemplo de lo que sucede en la sociedad, donde se nos devuelve el bien o el mal que hacemos, y es lo que enseña aquella sabia máxima que dice: "No hagas a otro lo que no quieras para tí."

LECCIÓN VIGÉSIMA.

Cartas a Luisito.

IV.

Mi bien amado discípulo:

Colón hizo cuatro viajes a las nuevas tierras por él descubiertas visitando así varias de las islas que forman el archipiélago de las Antillas y algunos puntos de la América Central. Más como el nuevo Continente es muy vasto, ni pudo conocerlo todo ni llegó a saber si lo era y con independencia de la India que vino buscando.

A Hernán Cortes, español, de valor temerario y de un ingenio astuto, inteligente y previsor, le tocó en suerte conocer otra región continental que es hoy la República Mexicana y que se conoce más bien con el nombre de México.

De este país has oido hablar varias veces y seguirás oyéndolo mentar con frecuencia porque tiene una Historia tan antigua como la de Egipto y toda ella muy interesante, y porque sus producciones son tan múltiples como variadas.

Situado entre las zonas tropical

Ruinas de los antiguos indios en Yucatán.

y templada y surcado por la Sierra Madre, que levanta y arruga su superficie con sus innúmeros ramales y contrafuertes, la mano de Dios le proporcionó de esa manera, en el interior de sus montañas riquezas minerales de toda especie y en la superficie del suelo tierras para producir plantas para la alimentación, regalo e industria del hombre, tanto 'de los climas calientes como de los templados y fríos.

Así pues, sus minas de Zacatecas, Guanajuato, Sonora, etc., le dan plata y oro, de sus costas de Tamaulipas y Veracruz extrae el petroleo, en Hidalgo y Durango tiene fierro, en el Golfo de California, perlas, en las llanuras de Coahuila carbón de piedra, en la alturas de la Mesa Central todos los cereales, trigo, maíz, etc., en Tabasco hay cacao, en Veracruz, tabaco, en Chiapas, hule o goma elástica, en Campeche, palo de tinte, en Yucatán henequen para la cordelería y tejidos de lana y algodón en Puebla, Tlaxcala, Veracruz y Querétaro.

Sus ferrocarriles no solamente sirven para el transporte de las mercancías y de los que necesitan trasladarse por sus ocupaciones a otros lugares, también son para el recreo de los turistas que viajan

Puente de Metlac, entre Córdoba y Orizaba.

en pos [de los placeres que proporciona la contemplación de la Naturaleza. El que sale [del Puerto de
Veracruz para la Ciudad de México,
capital de la nación en doce horas
nos presenta los más variados e in-
teresantes paisajes. Al dejar los
medános o montones de arena que ro-
dean al puerto se sigue la costa
plana y cálida donde apacienta el
ganado bovino. Se llega al pié de la
Sierra Madre e inmediatamente se as-
ciende por un camino ondulado abier-
to en la roca viva a la orilla de
profundos precipios o introducién-
dose en túneles oscuros o pasando
por puentes atrevidos y gigantescos,
admirándose de trecho en trecho los
plantíos de café, de caña de azúcar,
de plátano, de piña, de mangos, de
camelias, muchas flores, muchas frutas hasta embalsamar el aire que es
suavemente fresco. Llueve a menudo,
todo es verde y cuando se deja ver
el cielo nos maravilla con su intenso
azul.

Sigue el ascenso, las montañas se acumulan, los picos se coronan de nubes y uno, el de Orizaba ostenta

nieves eternas. Estamos en las planicies de la Mesa Central con sus campos de trigo y maíz con sus filas innumerables de magueyes de donde se extrae una bebida embriagante, el pulque, sembradas de pintorescas poblaciones y haciendas. Nos asombran otros dos grandes volcanes también cubiertos de nieve, uno de ellos semeja una muger envuelta en un sudario. Son el Popocatepetl y el Ixtacihualtl. Y sintiendo un frío agradable llegamos a México, la Ciudad de los Palacios, hermosa, culta, con tradiciones gloriosas y edificios que nos cuentan muchas historias y agradables leyendas.

Otros edificios en Yucatán y en Chiapas, soberbios aún cuando se hallan en ruinas, nos dicen que hubo allí un pueblo contem-poráneo del egipcio y del indú, civilizado, rico, poderoso, que cultivó las ciencias y las artes y aunque dejó noticias de sus hechos en numerosos geroglíficos, desgraciadamente esta escritura aún no ha podido descifrarse.

TU MAESTRO.

LECCIÓN VIGÉSIMAPRIMERA.

EL TRABAJO.

No hay cosa alguna que se pueda lograr sin trabajo, pero también es cierto que lo que se alcanza trabajando, gusta y satisface más que lo conseguido por otros medios.

El que no trabaja ignora lo agradable que es el descanso. Al que trabaja y se cansa, todo le es agradable; come con apetito, duerme y reposa con tranquilidad, desea las demás diversiones y halla gusto y alegría en ellas.

No sucede así al que nunca trabaja ni se cansa, que en ningún descanso puede encontrar gusto completo.

Todo lo alcanza el trabajo: con él se visten y alimentan los hombres; con él se hacen las casas en que habitamos; los caminos, los buques para navegar por mares lagos y ríos, y las armas que sirven para defender la vida y la patria.

Los bienes que se logran con el trabajo, son innumerables. Las tierras que nada producen, el trabajo les hace dar abundantes y ricas legumbres y frutos; las que no tienen agua, se les facilita, trayéndola por canales o sacándola de la tierra a gran profundidad, por medio de pozos. Donde el terreno es quebrado o pendiente, el trabajo lo allana, si es necesario, y también, cuando conviene, corta y rebaja las montañas para el cultivo.

El trabajo hace que los ríos caudalosos tuerzan su curso para que rieguen las tierras que no tienen agua.

El poder del trabajo es tan grande, que muchas veces hace hasta a la naturaleza misma producir maravillosas plantas y frutos, que ella por sí sola no daría.

El estudio es el trabajo del espíritu: el que más ennoblece y eleva al hombre.

Esto debe tener el niño muy presente para no malgastar un tiempo precioso.

Debe estudiar con empeño, no sólo para agradar al maestro y complacer a sus padres, sino también para su propio bien, para ser útil, más tarde, a sí mismo y a los demás.

Niño, cuando contemples admirado los grandes y cómodos edificios, los artísticos monumentos y las útiles fábricas llenas de máquinas, piensa que todo ello se debe al trabajo.

Si las artes, las ciencias y las letras te gustan, acuérdate que también son debidas al trabajo de artistas, sabios y escritores.

Cuando observes lleno de satisfacción los hermosos campos sembrados de legumbres, plantados de árboles frutales y engalanados con flores, no olvides que todo es obra del trabajo, porque la ociosidad nada sabe hacer; únicamente sabe destruir las cosas hechas.

Trabajosamente.   *Artísticamente.*

Fabrilmente.   *Ociosamente.*

LECCIÓN VIGÉSIMASEGUNDA.

EL LAVADO.

Un día en cada semana
lavamos María y yo
la ropa de las muñecas
con buen agua de jabón.

Nos presta mamá una artesa,
y tenemos otras dos
en que enjuagan Rosa y Lola,
que muy hacendosas son.

Enagüitas,
franjas, vuelos
y pañuelos
a granel,

Entre espuma,
camisetas
y calcetas,
como nieve puedes **ver**.

Ya lavadas,
muy limpitas,
y sequitas . . .
a planchar,
En la mesa
tan hermosa
y curiosa
que nos encargó papá.

Las muñecas
adornamos
y peinamos

además;
Y vestidas
y calzadas,
fatigadas
ya podemos descansar.

¡Qué elegante,
qué bonita
muñequita
tengo allí!
¡Con qué gusto,
tan derecha,
satisfecha
la contemplo frente a mí!

Semanalmente.   *Elegantísimo.*
Satisfactoriamente.   *Descansadamente.*

LECCIÓN VIGÉSIMATERCERA.

EL PERRO.

El perro es un animal muy útil y bueno para nosotros. Es como un criado en hacer lo que le mandamos; como un amigo para acompañarnos y defendernos, y hasta suele ayudar al hombre en algunos quehaceres.

El perro tiene mucho apego a las personas; cuida noche y día las tierras de su amo; es atento y vigilante, y, al menor ruido que siente, avisa con sus ladridos, indicando de este modo que alguien se acerca. Si el que llega es desconocido y se arrima demasiado a la casa, se arriesga a que le muerda y le cause mucho daño.

Este inteligente animal es capaz de aprender una porción de cosas que nos divierten y producen admiración. En los Circos acostumbran dar a los más hábiles el nombre de *perros sabios*.

Algunos son muy a propósito para la caza, pues tienen gran facilidad para alcanzar a los animales corredores, como el ciervo y la liebre, y para atacar a los que se resisten como el jabalí.

El perro es un buen nadador y en mares y ríos, salva a los que se hallan en peligro de ahogarse:

Es muy diferente de algunos animales en su afición al hombre, pues mientras aquellos miran por lo que necesitan, más que por la persona que se lo da, el perro hace lo contrario; todo lo quiere para el amo y en su servicio, se olvida de las cosas que más falta le hacen a él mismo.

Para que nada falte en el cariño del perro hacia nosotros, se cuentan muchos casos de perros, que al morir sus amos, acompañaron el cadáver al cementerio, yendo después

a menudo a la sepultura, sobre la cual aulla-
ban tristemente, como si lloraran y escarba-

ban la tierra, demostrando con esto el deseo
de ver a su protector y amigo.

El perro llamado de pastor, porque cuida

del rebaño, es uno de los más inteligentes y valientes a la vez.

Cuando una oveja se aparta de las demás, corre y le hace juntarse con el rebaño; si el lobo ataca a las ovejas y carneros, el perro del pastor las defiende de tal modo, que los lobos echan a correr, porque saben lo valiente que el perro es. Si cae una oveja enferma, la vigila, la acompaña hasta que puede andar y la junta con el rebaño o la lleva a la cabaña.

Vigilantemente.   *Inteligentísimo.*
Pastorilmente.   *Hábilmente.*

Júntate con los buenos y serás bueno como ellos.

No digas nunca: "haré esto mañana," cuando lo puedas hacer hoy.

LECCIÓN VIGÉSIMACUARTA.

LENGUAJE O VOCES DE LA NATURALEZA.

También la Naturaleza tiene su lenguaje para ciertas cosas. Son voces que nosotros entendemos, y a las cuales se han dado ciertos nombres, como el *murmurio* del agua o del arroyo; el *zumbido* de la cascada o catarata, del viento y del mar;

el *estallido* de la tempestad, del trueno y del rayo.

Decimos que el agua *cabrillea* y *ruge;* que la lluvia *azota* y *corta;* que la cascada o catarata *zumba*, y el arroyo *murmura*.

La fuente *murmura, canta* y *chacharea*.

El mar *ruge, zumba, cabrillea* y se *desencadena*. Las olas *cabrillean*, se *rompen, rugen, gimen* y se *encrespan*.

El viento *sopla, gime, susurra, silba, llora,* se *lamenta* y *brama.*

La tempestad se *lamenta, gime, muge, silba, ruge* o *cruje, estalla,* y se *desencadena* o *desata.*

La descarga eléctrica *crepita* y *retumba.* El trueno *retumba* y *estalla.* El rayo *estalla, ruge* o *rechina.*

Encrespamiento.	*Crepitación.*
Retumbante.	*Rechinamiento.*
Rugimiento.	*Tempestuosamente.*
Susurrante.	*Relampagueante.*

El tiempo es como el dinero: si lo malgastas serás pobre.

La pereza es la llave de la pobreza.

LECCIÓN VIGÉSIMAQUINTA.

Cartas de un viaje infantil alrededor del mundo.

CARTA 5ª

Mis queridas niñas:

A principios del mes de Febrero, salimos de los Estados Unidos del Norte para viajar por Cuba, en el Mar Caribe; Colombia y Venezuela, en la América del Sur; Costa Rica, Nicaragua, Salvador, Honduras y Guatemala, en la Central.

Hemos de hablar de todos estos países en las siguientes

cartas; pero en la presente trataré del viaje de Nueva York a la Habana.

A nuestra salida, las calles de Nueva York estaban cubiertas de nieve, y el frío era tal, que se helaba hasta el aliento. En la bahía abundaban las masas de hielo, y hasta de los palos y aparejos de los buques pendían cristales de hielo. Los campos de ambas costas estaban cubiertos de nieve, la vegetación toda muerta, y sobre la misma cubierta del vapor, una gota

de agua que cayera, se con=
vertía en hielo en un instante.
A un mozo se le cayó una
taza de café, y al momento el
café era un trozo de hielo obs=
curo.

Aquella misma tarde, po=
cas horas después de nuestra
salida del puerto, todos corrían
hacia la proa del buque, para
ver lo que a lo lejos parecía
una montaña blanca en me=
dio del mar. Era efectiva=
mente una montaña, pero de
hielo, y una montaña que flo=
taba y navegaba.

Poco a poco nos acerca=
mos como a tres millas, pero
sólo por un momento, a causa

del peligro que corríamos. Los
oficiales del buque nos dijeron
que aquellos hielos flotantes,
como se llaman; que aquella

isla de hielo, tenía cerca de dos millas alrededor, o sea de circunferencia, y algunos cientos de pies de altura.

Todos a bordo contemplábamos aquella gran masa de color azulado como el agua del mar en la parte baja, y blanca como la nieve en la alta, hasta que el andar de nuestro buque hacia el Sur, y de la isla de hielo hacia el Norte, junto con la obscuridad de la noche, hizo que la perdiéramos de vista, llenos de asombro.

Vista de la Habana, desde Casa Blanca.

* * *

A los dos días de nave=
gacion, ya comenzamos a
sentir el calor; al tercero y
cuarto, más fuerte aún, y a
la salida del sol del quinto
dia estábamos frente al famo=
so castillo del Morro: poco
despues entrábamos en el
puerto de la Habana.

En pocos días, todo habia
cambiado: del frío entumece=
dor, pasábamos al calor fuerte,
pero agradable en el invier=
no; de un panorama de nie=
bla, hielo y nieve, habíamos

pasado a otro de un sol es=
plendoroso; de una vegeta=
ción muerta, a otra lozana;
de una naturaleza enterrada
en la nieve, a otra que pare=
cía subir a los cielos.

Los campos estaban ver=
.des; los platanares cargados
de plátanos, amarillos como
el oro, y colorados como la
rosa. Los plantíos de piña o
anana, me llamaron mucho
la atención por su rareza, en
fin, todo era extraño para mí;
y habiendo salido de un clima
tan frío, me sorprendía más.

Los edificios de país cáli=
do, con sus patios y jardines
en el centro; las costum=

Plantío de piñas.

bres, tan distintas de las que
ya conocía; las gentes con

sus trajes blancos o claros y ligeros, todo era nuevo para mí.

Hasta la próxima carta, se despide de las niñas y de los niños su amiguita.

Martina.

LECCIÓN VIGÉSIMASEXTA.

REFLEXIÓN EN LA LECTURA.

La reflexión en la lectura es el pensar con cuidado y detención sobre lo que se lee; el discurrir y meditar sobre ello.

No basta leer cosas buenas y escogidas; es necesario pensar en lo que se lee. Es mejor leer pocos libros y leerlos bien, porque las lecturas hechas de prisa, son como el agua que se escurre o el viento que pasa silbando.

Con los libros sucede lo mismo que con el alimento, que no aprovecha más que cuando se toma poco a poco, y es bien digerido. Un hombre se alababa delante de Arístipo de que había leído mucho. "No son los que comen más—le respondió este filósofo griego—los que están más gruesos y sanos, sino los que digieren mejor."

Si uno quiere formar su entendimiento, no debe leer muchos libros, sino leer a menudo un mismo libro, cuando es muy bueno.

Querer conocer todas las cosas, es un engaño de nuestro amor propio, que nos hace creernos mejores de lo que realmente somos.

La manía o vicio de saberlo todo, o de querer saber un poco de todo, hace que abunden los que se atreven a tratar de todo, y nada profundizan.

Mira lo que te conviene y no leas para lucirte ante los otros, sino para ti mismo; lee para ser mejor y para saber más. Así es como debes leer y no por puro pasatiempo o infantil curiosidad.

¿De qué te servirá haber nacido después de tantos grandes hombres, sino los tomas por modelo, imitando sus célebres hechos? ¿De qué te valdrá haber venido al mundo después de tantos locos, tontos y hombres malos, sino llegas a ser más sabio y más virtuoso que ellos?

Lo que otros han hecho, los sucesos que les ocurrieron y lo que nosotros mismos hemos experimentado, debe servirnos de provechoso recuerdo, mediante el cual nuestro juicio nos dirá cómo debemos obrar en cualquier momento para que merezcamos el nombre de instruídos, buenos y justos.

Reflexionando sobre lo bueno que leemos, meditando aquello que puede sernos útil y provechoso, alimentamos nuestro espíritu; fortalecemos nuestra razón y nos preparamos para entrar en el camino de la vida, no a tontas y a locas, sino para irlo conociendo poco a poco y palmo a palmo.

Reflexivamente.   *Juiciosamente.*
Instructivamente.   *Razonadamente.*
Tontamente.   *Filosóficamente.*

El aseo influye en la salud del cuerpo y en el bienestar del alma.

La mano floja y perezosa produce pobreza, y la activa bienestar.

El prudente teme y se aparta del mal o del peligro, y el necio se aventura y suele costarle caro.

9

LECCIÓN VIGÉSIMASÉPTIMA.

LA ARDILLA.

Cuerpo chico
de un pie escaso;
lomo negro,
rojo acaso;
vientre blanco
como nieve;
animales
cabezones;

ojos grandes
y saltones;
las orejas
puntiagudas,
largas, finas
y velludas;
cola grande,
cual si fuera
un penacho
juguetón
o plumero
de morrión;
listas, vivas
cuanto hermosas;
siempre inquietas,
revoltosas:
las Ardillas
tales son.

LA ARDILLA Y EL CABALLO.

(*Fábula de Iriarte, adaptada.*)

Mirando estaba una ardilla
a un generoso alazán,
que, dócil a espuela y rienda,
aprendía a galopar.
Viéndole hacer movimientos
tan veloces, y a compás,
así la ardilla le dijo
con muy poca cortedad:
"Señor mío,
de ese brío,
ligereza
y destreza,
no me espanto;
que otro tanto
suelo hacer, y acaso más.
Yo soy viva,
soy activa;
me meneo,
me paseo;
yo trabajo,
subo y bajo,
no me estoy quieta jamás."

El paso detiene entonces
el buen potro, y muy formal,
en los términos siguientes
respuesta a la ardilla da:
     " Tantas idas
     y venidas,
     tantas vueltas
     y revueltas
     (quiero, amiga,
     que me diga)
¿ son de alguna utilidad?
     Yo me afano,
     mas no en vano.
     Sé mi oficio,
     y en servicio
     de mi dueño
     tengo empeño
de lucir mi habilidad."

También algunos muchachos
ardillas parecerán,
si en travesuras y enredos
malgastan su actividad.

Inquietamente.	*Vivamente.*
Juguetona.	*Juguetear.*
Juguetoncilla.	*Juguetonamente.*
Vivacidad.	*Vivísimamente.*

LECCIÓN VIGÉSIMAOCTAVA.

EL DIBUJO.

I.

Vicente mostró desde muy pequeño gran afición al dibujo, y apenas salía de la escuela y llegaba a su casa, cuando ya estaba, como él decía, "pintando." Si no tenía papel, usaba la pizarra, y dibujaba hasta en la arena cuando iba a la playa.

Este amor de Vicente al dibujo, le fué de mucho provecho en sus estudios. Cuando ya sabía leer, copiaba, aunque muy mal, algunos grabados del libro, y esto le recordaba lo que había leído o traía a su memoria algo de la lección, que casi siempre entendía mejor que los demás muchachos, compañeros suyos de escuela.

Gracias a la costumbre de hacer "garabatos" y de "pintar muñecos" como le decía su abuelita, gracias a eso que tanto le encantaba, aprendió Vicente a escribir en poco tiempo, y escribía bien, con soltura y facilidad, porque su mano estaba más adiestrada que la de los otros para manejar el lápiz, la pluma y el pizarrín. Así fué como aprendió en menos tiempo, y mejor que sus compañeros de clase, a leer, escribir y dibujar, todo a la vez.

II.

Los primeros dibujos de Vicente, eran cosa de hacer reir.

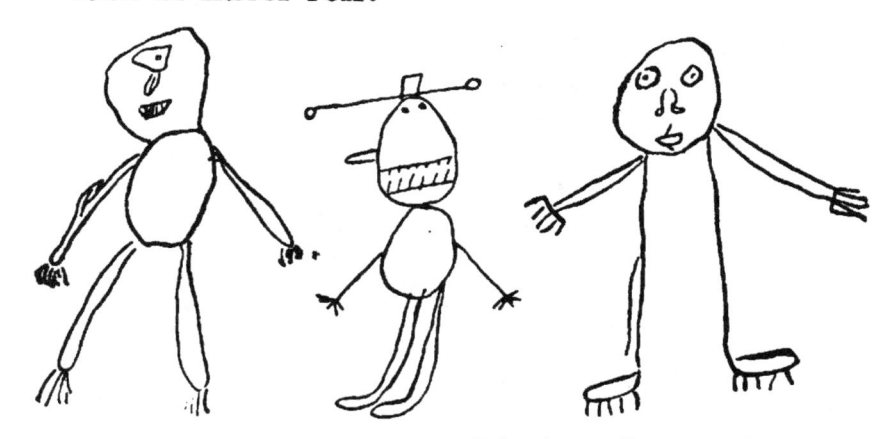

Poco a poco llegó a dibujar algo mejor, y hasta quiso representar a ciertas personas que veía, tal como le parecían a él. Uno de los dibujos, se supone que será algún militar, por el traje y la espada; otro, cochero, puesto que tiene un látigo en la mano, y el último, alguno que venía de visita a la casa, porque está sin sombrero.

Con el tiempo y la práctica que fué adquiriendo, adelantó algo y hasta hizo lo que él llamaba el "retrato" de su hermanita Amparo. Este dibujo demuestra ya el adelanto que va haciendo Vicente; y como no se canse (porque algunos niños suelen tener poca constancia en todo), llegará a ser la admiración de sus compañeros de escuela.

III.

Viendo su tío la aplicación que tenía,

le regaló unas hojas con dibujos muy fáciles, que Vicente copiaba con verdadero placer, y comenzó a trazar lo que se llama los contornos de un mueble, una cruz y otras cosas,

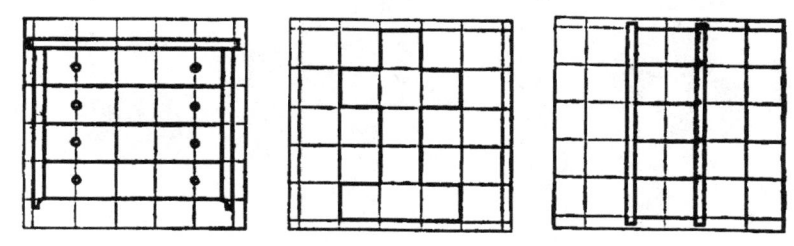

todo ya más exacto, porque tenía la muestra delante, y se guiaba por ella.

Así fué progresando sin parar, y lo mismo

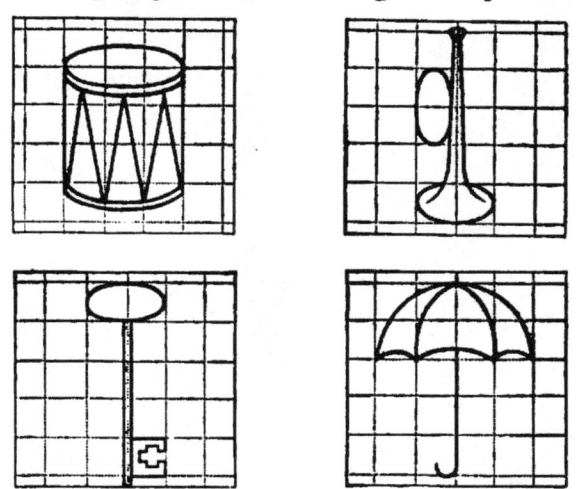

dibujaba el paraguas y la llave, que la campanilla, el tambor y la corneta.

Llegó a dibujar la compotera del dulce,

copas, jarros y todo el servicio de mesa, y admiraban a Vicente por su habilidad los que venían a la casa. Sus padres estaban orgu-

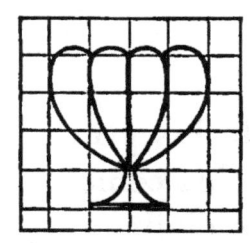  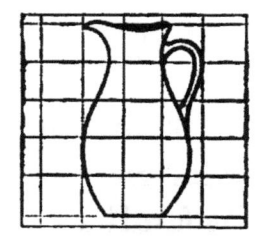

llosos de un hijo que tan bien aprovechaba el tiempo; y los maestros, de un discípulo tan aplicado.

Con los años, su afición fué creciendo, su empeño fué mayor y llegó a poder dibujar todo cuanto quería: árboles, casas, nidos, pájaros, caminos, puentes y muchas cosas más. Para él, lo mismo era dibujar en la pizarra, que en el papel, usando lápiz o pluma.

Con el dinero que le regalaban para dulces, había comprado una cajita de pinturas, y comenzó a poner colores a sus dibujos, lo cual era para Vicente un nuevo placer.

Después aprendió a conocer las líneas y los nombres de cada una, llegando a ser, como solían llamarle en la población "el niño artista."

LECCIÓN VIGÉSIMANOVENA.

EL ASEO.

I.

El aseo o limpieza es una de las principales virtudes, tanto de los pueblos como de las familias y de los individuos civilizados, virtud que influye mucho en la salud pública y en la particular del cuerpo humano.

El aseo en el traje y en los muebles de las casas, impide los malos efectos del polvo, de la humedad, de los olores desagradables y de los miasmas contagiosos que se desprenden de todo lo que se corrompe, pudre o descompone.

El aseo personal favorece la traspiración o sea el sudor, refresca la sangre, purifica los humores, da cierto bienestar al cuerpo y alegra el espíritu.

Obsérvase que las personas que se cuidan del aseo del cuerpo, de la limpieza en los vestidos, en los muebles y las habitaciones, gozan de mejor salud y tienen menos peligro de caer enfermas que las que viven entre la suciedad y el abandono.

El que es aseado adquiere también cierto orden y buen arreglo en todas las cosas, lo cual contribuye mucho a su felicidad.

La falta de aseo es un vicio repugnante, y suele causar multitud de incomodidades y aun graves males, tanto en lo físico como en lo moral. La ciencia médica enseña que el desaseo produce una porción de males repugnantes, contagiosos, o sea, que pasan fácilmente de unos a otros, males que muchas veces llegan a propagarse por toda una población. A causa de esto, los legisladores de la antigüedad castigaban a los que caían enfermos por falta de aseo, y de este modo contribuyeron a la conservación de la humanidad, que de lo contrario, casi habría perecido con las pestes, que tan frecuentes eran.

II.

El aseo es el lujo de los pobres, y les permite presentarse en todas partes, sin que su presencia cause repugnancia, molestia ni desagrado a nadie.

No es necesario llevar trajes lujosos ni de gran valor para presentarse con decencia donde quiera: basta un vestido limpio, la gorra o sombrero cepillado, lustrados los botines; la cara, las manos y las uñas limpias; peinado el cabello o pelo para que vuestra presencia sea agradable a todos.

Una mujer, un hombre, un joven o un niño, lucen mejor con un traje limpio y asea·

Muchacho aseado y cuidadoso. *Muchacho sucio y desarreglado.*

das sus personas, que aquellas que llevan prendas de gran valor, y son desaseadas.

El niño sucio y desarreglado anda con pereza y encogido, habla con temor y cabizbajo, es rudo, pesado, torpe, y causa desagrado a todo el mundo; mientras que el **niño** limpio, arreglado y cuidadoso, anda derecho, habla con soltura, es vivo, ligero y siente la animación que da la limpieza del cuerpo **y** el bienestar del espíritu.

La virtud del aseo está al alcance de **todos y** se adquiere fácilmente, acostumbrándose **a** ser limpio y cuidadoso desde la niñez.

No hay dificultad en habituarse, pero **hay** que tener constancia para hacer que sea un hábito, y entonces proporciona mucho placer **y** bienestar, como todas las buenas costumbres.

Aseadamente.   *Desaseadamente.*

Decentemente.   *Limpiamente.*

Saludablemente.   *Ordenadamente.*

Desordenadamente.

El que resuelve de pronto se arrepiente despacio.

LECCIÓN TRIGÉSIMA.

Cartas de un viaje infantil alrededor del mundo.

CARTA 6ª

Mis queridas niñas:

Después de pasar algún tiempo en la Habana, desde cuya ciudad hicimos algunas excursiones a los puntos más pintorescos de sus inmediaciones, nos embarcamos de nuevo para la América del Sur.

Entre los pasajeros había una familia que iba para Venezuela, y tenía un niño muy gracioso, único a bordo y que por lo tanto, era mimado de todos los pasajeros. Nunca se había embarcado y apenas puso pie en el vapor, se echó a correr por todas partes, loco de

10 147

contento. Estaba vestido a la marinera, y hacía gracia a todos, especialmente a los tripulantes, tras los cuales corría sin cesar.

Navegábamos cerca de la costa y puede decirse que siempre teníamos la tierra a la vista. La Habana está en la parte Norte de la Isla, y nosotros íbamos rumbo a Santiago, que está situado al otro extremo, es decir al Sur. Como la Isla de Cuba es tan larga, el viaje duró varios días.

La entrada al puerto de Santiago desde el momento que se está frente al viejo castillo del Morro, situado sobre un gran peñón que se interna en el mar, hasta que se llega a la bahía en el interior, es sin duda una de las entradas de puerto más preciosas del mundo. Yo no podía apartar la vista ni un momento de aquella variedad y grandeza de paisajes que se admiran por todos lados.

De Santiago de Cuba, donde permanecimos cerca de un día, salimos con rumbo a Colombia, pasando entre Jamaica y Haití, cuyo faro vimos a lo lejos.

* * *

Hablaba del calor que sentimos en la Habana; pero aquello puede decirse que era calor agradable, comparado con el que por acá se siente, y es porque vamos acercándonos al Ecuador. Por estos mares abundan mucho los peces voladores, y se ven con frecuencia grupos de quince a veinte, que saltan y vuelan a gran distancia. Algunos de estos peces voladores caían sobre la cubierta de nuestro buque; pero fuera del agua, que es su principal elemento de vida, se morían pronto.

Un pasajero nos contó que la noche anterior, estando dormido en su camarote, y a eso de la media noche, sintió un golpe fuerte en la cara, de algo húmedo, pegajoso y desagradable. Despertó asustado y dió un salto de su litera, encendiendo la luz y comenzando a mirar por todas partes; pero sin encontrar nada que le explicara lo ocurrido. Iba de nuevo a acostarse, cuando encontró entre la ropa de la cama un pez volador, y de los más grandes, pues tenía cerca de un pie de largo: entonces se explicó el susto que se había llevado aquella noche.

Después de varios días sin ver tierra, nos hallábamos ya frente a la América del Sur. Hace un calor que abrasa en esta parte del Mar Caribe. Allá a lo lejos, la primera tierra que se veía de Colombia, era la Sierra Nevada de Santa Marta, con sus grandes picos cubiertos de nieve.

Vista desde el Océano a la salida del sol, la Sierra Nevada de Santa Marta, presenta uno de los espectáculos más grandiosos del Nuevo Mundo.

Levántase derecha de repente sobre el nivel del mar, a más de tres millas de altura. Al ver sus grandes picos en medio del azul del cielo, coronados de tintes de rosa, y en la parte baja, las rocas de diversos matices iluminadas por los rayos de un sol tropical; parece que todo arde, es como un incendio, una conflagración desde los blancos picos que parecen llegar al cielo hasta los valles, las llanuras y el Mar Caribe, cuyas aguas se iluminan con los más vivos colores.

Entramos en el puerto de Cartagena, la antes célebre Cartagena de Indias, de que hablaremos en otra carta. De allí fuimos a Barranquilla y a Santa Marta.

* * *

Vista de Santa Marta.

Estando anclados en Santa Marta, noté que había unos peces muy grandes y feos, que no cesaban de dar vueltas alrededor de nuestro buque.

—¿Qué peces son esos, capitán? pregunté.

—Tiburones, señora; aquí hay muchísimos.

Había oído hablar de los tiburones, de esos monstruos que se comen a la gente viva, pero nunca los había visto. Contóme el capitán que venían para comer los desperdicios que se tiraban al agua, y me dijo que si un marinero se cayera allí, donde había tiburones a docenas, se lo tragaban vivo y entero en un momento. Viendo el capitán mi curiosidad por saber algo del tiburón, y la duda que

yo tenía de que pudiera comerse un hombre,
porque aunque es grande, visto a través del
agua no parece serlo tanto, me dijo que iba a

mandar pescar uno para convencerme, y así
lo hizo. Puso los marineros a la caza, y
valiéndose de unos grandes palos con ganchos de
hierro, lograron, después de luchar con los tiburones, agarrar uno de los más grandes. Como
hacía tanta fuerza, y daba golpes con la cola,

levantando mucha agua, temieron los marineros que se les escapara. Con el fin de subirlo pronto al barco, le echaron unos lazos con gruesas cuerdas, y comenzaron a tirar; pero tal era la resistencia, que casi llegó a desatarse de los lazos. Entonces uno de los marineros se ató por la cintura, hizo que lo sujetaran otros tres compañeros suyos y cuchillo en mano, bajó para acabar de matar al monstruo

Después subieron al tiburón sobre la cubierta, y alrededor de él estábamos todos los pasajeros mirando asombrados aquel enorme pez de fuerte cola, ojos penetrantes y mandíbulas con dientes agudos. La boca es enorme, y se comprende cómo puede devorar la presa de una vez. Por su ferocidad puede compararse al tigre, a la hiena y a la pantera.

Los marineros tienen un odio terrible al tiburón, porque saben que si caen al mar, se los traga en un momento.

Hasta otra vez se despide de las niñas y de los niños su amiguita

Martina.

POSDATA.

Aquí termina la 1ª serie de nuestras Cartas de un viaje infantil alrededor del mundo, *y aquí acaba también este libro.*

En el tomo siguiente continuaremos hablando de nuestro viaje por la América del Sur y Central. Esperamos que la 2ª serie de estas cartas agradará más aún a nuestros jóvenes lectores; porque ahora que ya saben

leer mejor, y entienden bien lo que leen,
podremos tratar asuntos de mayor inte-
rés y utilidad.

* * *

Vivo empeño ha puesto el autor
de estos libros para que en ellos se en-
señe a los niños y a los jóvenes, todo
aquello que les ha de ser provechoso en
la vida; por eso, no solamente enseña
las cosas, sino el porqué de las cosas y
el uso de las cosas.

Es preciso, queridos lectorcitos,
prepararse con tiempo para la lucha de la vida, porque la vida es una
continua lucha, y hay que estar dis-
puesto de modo que se luche menos y

mejor, para vencer pronto y bien los obstáculos.

Más tarde, cada uno de vosotros tendrá que depender de sí mismo, y es necesario, por lo tanto, acostumbrarse desde temprana edad a ejecutar las cosas y a resolver las dudas. Con este fin, encontraréis en estos libros, enseñanzas prácticas de todo aquello que ayuda a vivir mejor, de lo que da mayores aptitudes para el trabajo, de lo que ha de formar en vosotros hábitos de seriedad y de labor; guiando al mismo tiempo vuestro espíritu por el camino de las virtudes.

Aprendiendo todo aquello que os

ha de hacer más útiles y mejores, no solamente será para vuestro propio bien y
satisfacción de vuestros padres y maestros, sino para el bien general y de la
patria.

(36)

CPSIA information can be obtained
at www.ICGtesting.com
Printed in the USA
LVHW051618220221
679652LV00004B/285

9 780341 193265